MÉMOIRE

POUR Me. ANTOINE MOUTARDIER, Notaire Royal, chargé de la confection du Papier Terrier de la Sirie de Lespare, Accusé en crime de faux principal, & détenu dans les Prisons de la Conciergerie du Sénéchal de Guienne, Appellant d'un Décret de prise de corps contre lui décerné par le Sieur Lieutenant-Criminel en Guienne, & de toute la procédure.

CONTRE JEAN ARDILLEY, Laboureur, de la Paroisse de Hourtin, en bas Médoc, Accusateur & Intimé; JEAN ROQUE & GEORGE MOREAU, Laboureurs, Syndics de quelques Habitans de ladite Paroisse de Hourtin, Parties intervenantes dans l'Instance, & Accusateurs en crime de concussion, par acte du 15 Août 1773, retenu par Clerq, Notaire Royal.

L'INSTRUMENT vil & mercenaire d'un complot odieux, formé par une cabale puissante, doit-il être accueilli, lorsqu'il s'agit de détruire un Citoyen honnête, dont la réputation n'a jamais souffert aucune atteinte, un homme public, toujours attaché aux devoirs de ſon état, que l'idée ſeule d'un ſoupçon épouvante, & qui auroit toujours été ſans crime aux yeux de ſes ennemis, s'il avoit voulu être réellement criminel, en négligeant les intérêts qui lui ſont confiés?

Un Accuſateur ſans fortune, & par conſéquent hors d'état de dédommager l'Expoſant, quand la plainte ſera reconnue calomnieuſe; un Vaſſal puiſſant qui, cherche à ſecouer le joug de ſon Seigneur Suzerain, & qui, pour cet effet, prête à cet Accuſateur ſon crédit & ſa bourſe.

Un Praticien, principal reſſort de ce Vaſſal, jouant le rôle de Magiſtrat pour ſéduire des témoins, ſe diſant Commiſſaire député pour les entendre, émeutant enſuite des Habitans pour ſurprendre un acte capitulaire, ſont les reſſorts qu'on a mis en mouvement pour ſurprendre la religion du premier Juge.

Le preſtige va ceſſer, l'illuſion ſe diſſipera au moment que la vérité percera dans le Sanctuaire de la Cour, & il ne reſtera aux moteurs de cet horrible complot, que la honte attachée à la calomnie.

FAIT.

L'Expoſant fut chargé par feue Madame la Ducheſſe de Grammont, en l'année 1754, de renouveller le Papier Terrier de la Sirie de Leſpare.

Cette opération conſiſtoit dans la levée des plans, la confection des nouveaux arpentemens, la direction des reconnoiſſances, & la faculté de les recevoir en ſa qualité de Notaire.

Dans le même temps, le ſieur Pouard, Intendant des affaires de cette Dame, fut chargé de procuration pour accepter les reconnoiſſances, & pourſuivre en Juſtice ceux qui refuſeroient de reconnoître.

Les premieres opérations de l'Expoſant furent faites *dans la Paroiſſe de Hourtin*, par quatre Arpenteurs; & ſur la levée des plans, il fut reconnu que preſque tous les Habitans de cette Paroiſſe avoient anticipé ſur les vacans appartenans au Seigneur; ils avoient mis à profit leur inaction, en avançant les limites de leurs propriétés, preſque toutes adjacentes à ces vacans.

On conçoit aiſément que la commiſſion de l'Expoſant étoit bien critique, & qu'elle devoit lui attirer une animoſité ſecrette de la part de tous ces uſurpateurs.

Jean & *Thomas* Ardilley, freres, ſe trouverent du nombre de ces derniers; ils s'adreſſerent au ſieur Pouard, & le prierent de ne pas les dépoſféder, mais de leur concéder leurs usurpations à nouveau Fief; celui-ci y consentit, & l'Exposant ayant dirigé leur reconnoissance, ils se rendirent chez lui & la signerent.

Dans le même instant, & lorsque les témoins alloient apposer leur signature, les freres Ardilley s'adresserent à l'Exposant, lui représenterent qu'ils croyoient trouver dans leurs papiers quelques baux passés en faveur de leurs auteurs, qui leur donnoient à nouveau Fief une partie de ces vacans, & le prierent de leur accorder quelques jours pour en faire la recherche.

L'Exposant, qui cherchoit à remplir sa commission, mais qui ne vouloit pas que ce fût au préjudice d'autrui, leur accorda leur demande, & leur dit qu'il laisseroit cette reconnoissance au nombre des imparfaites, jusques après leur recherche, & que pour cet effet la signature des témoins & la sienne seroient suspendues.

Les freres Ardilley, bien convaincus qu'ils ne trouveroient pas les baux dont ils demandoient de faire la recherche, compterent à l'Exposant, en l'absence du sieur Pouard, la somme de *quatre-vingt-dix livres*, à compte de l'obligation qu'ils avoient contractée par cet acte; il leur en fournit un reçu; cette somme fut remise au sieur Pouard, qui de son chef fournit une décharge à l'Exposant.

La vérité de tous ces faits est consignée dans le compte que le sieur Pouard a rendu devant le sieur Michau, Tuteur onéraire de M. le Comte de Guiche, *art.* 4, & qui fut arrêté par ce Tuteur le 19 Janvier 1761, & dans l'acquit dudit sieur Pouard, consenti en faveur de l'Exposant, sous date du 15 Avril 1760.

L'Exposant supplie la Cour de faire attention à ces deux pieces & à leur date; elles sont d'une nécessité indispensable pour anéantir l'avantage que les Adversaires se sont promis des réponses prêtées par le sieur Pouard lors de son audition; nous en parlerons plus au long dans la suite de ce Mémoire, revenons au fait.

Les opérations vives & tumultueuses auxquelles l'Exposant étoit soumis, lui occasionnerent bientôt une maladie très-dangéreuse; il perdit de vue la reconnoissance des Ardilley & leur promesse.

Ce ne fut qu'en 1761 que cette affaire se renouvella dans son souvenir, & voici comment.

La Dame *d'Augeard* possédoit un bois qu'on appelloit Cheutre; ce bois avoit été donné à nouveau bail au nommé Camin, beau-pere de Jean Ardilley, l'acte étoit de l'an 1731; mais par un acte ultérieur, ce bois avoit été réintégré à ſon premier Maître. Jean Ardilley s'imagina que ce bois lui appartenoit, & dans cette idée il en conſentit une vente au ſieur Magnan, qui le fit exploiter tout de ſuite.

Cette Dame n'en fut pas plutôt inſtruite, qu'elle intenta un procès à Magnan; celui-ci appella le vendeur au procès, & ce dernier, feignant d'ignorer que ſon beau-pere avoit été rembourſé, appella, de ſon chef, le Seigneur de Leſpare; l'acte de rembourſement fut ſignifié, & conſéquemment Ardilley débouté de ſa contre-garantie, avec dépens, dommages-intérêts envers la Dame *d'Augeard*.

La contre-garantie demandée par Ardilley fut la cauſe que le ſieur Pouard ſe rendit chez l'Expoſant, pour lui demander ſi ce Particulier avoit paſſé ſa reconnoiſſance; il ſe reſſouvint alors qu'elle avoit été ſignée par les deux freres, mais qu'elle n'avoit pas été conſommée; que cependant ils avoient remis 90 liv. à compte, qui étoit la même ſomme qu'il lui avoit remis l'année précédente, & il lui fit part de ce qui en avoit empêché la conſommation.

Le ſieur Pouard crut que dès que les freres Ardilley avoient appoſé l'un & l'autre leur ſignature au bas de cet acte, il n'y avoit qu'à le conſommer; mais l'Expoſant lui repréſenta que cela n'étoit plus poſſible, attendu que les témoins qui avoient été préſens ne demeuroient plus chez lui, & que d'ailleurs, quand ils y ſeroient encore, lui Notaire ne la ſigneroit pas, parce que n'ayant pas été contrôlée dans ſon temps, il ſeroit ſoumis à l'amende envers le Fermier des droits du Roi.

Cette réflexion ayant fait comprendre au ſieur Pouard que la reconnoiſſance qu'il demandoit ne pouvoit plus prendre la forme d'un acte public, il crut que puiſque la ſignature des reconnoiſſans & la ſienne ſe trouvoient appoſées au bas de l'acte, il devoit du moins conſerver l'eſſence d'un acte privé, & qu'il ne s'agiſſoit que de le faire contrôler ſous cette forme: il pria l'Expoſant de le préſenter au contrôle; mais le Commis ayant refuſé de l'enrégiſtrer ſans un ordre du Directeur, l'ordre fut donné, & la piece contrôlée fut dépoſée par le ſieur Pouard dans l'Étude de l'Expoſant.

C'eſt cette reconnoiſſance qui eſt arguée de faux par l'Adverſaire, & c'eſt l'Expoſant, qui, conjointement avec le ſieur Pouard, eſt accuſé d'avoir commis le délit. Il ne ſeroit beſoin que de quelques réflexions bien ſimples pour détruire l'accuſation, & convaincre l'Accuſateur de calomnie & de mauvaiſe foi.

Il eſt d'abord évident que ſi l'Expoſant eût eu le deſſein de fabriquer une piece fauſſe, qui eût pu porter préjudice à l'Adverſaire, il ne l'auroit pas laiſſée informe ; & en ſuppoſant qu'il eût lui-même contrefait la ſignature de *Jean* Ardilley, il eût en même temps contrefait celle de *Thomas* ſon frere. Il ne lui eût encore pas été difficile de ſe procurer la ſignature des deux témoins, qui étoient ſes deux Clercs ; après quoi il eût apposé la ſienne, & eût tout de ſuite fait paſſer la reconnoiſſance au contrôle. Mais eſt-il vraiſemblable qu'il eût laiſſé la piece dans l'état où elle a été arguée ? Ce ſeroit dans la premiere hypotheſe que l'inſcription de faux auroit pu fournir quelque apparence de vérité.

Mais, de bonne foi, a-t-on pu ſe promettre qu'une piece de cette nature pût préſenter l'indice même du crime qu'on impute à l'Expoſant ? Nous traiterons cette matiere en ſon lieu, pourſuivons les faits.

Près de deux ans s'étoient écoulés depuis l'époque de la condamnation de *Jean* Ardilley, en faveur de la Dame *d'Augeard*, lorſque la nommée *Pichevin*, veuve *Meynieu*, dont le mari avoit été, pendant plus de vingt ans, Fermier des droits ſeigneuriaux de la Paroiſſe d'Hourtin, vint réclamer chez l'Expoſant l'expédition de cette reconnoiſſance; celui-ci la lui délivra; pouvoit-il ſe diſpenſer de le faire, puiſqu'il la tenoit à titre de dépôt de la part du Chargé de procuration de la Maiſon de Grammont?

La Pichevin fit alors aſſigner Ardilley en paiement de 88 liv. d'arrérages de rente, qu'il devoit pour le ſurplus des biens dont il jouiſſoit, conformément aux arpentemens & à la reconnoiſſance du 31 Décembre 1756, qu'il avoit conſenti conjointement avec *Thomas* ſon frere, & ce pour les années 1748, juſques en 1758 incluſivement, à raiſon de 8 liv. par année.

Ardilley ſe préſenta ſur l'aſſignation, & répondit qu'il avoit payé annuellement ſa rente, à raiſon de 4 liv. 16 ſols par année. Il feignit d'être ſurpris de la reconnoiſſance dont on lui parloit dans l'exploit ; il prétendit que ce n'étoit qu'une fauſſe ſuppoſition ; qu'il n'avoit jamais conſenti aucune reconnoiſſance de cette eſpece ; qu'au ſurplus elle n'avoit qu'à juſtifier de ſa demande.

Sur la ſignification qui lui fut faite de cette reconnoiſſance, le procès fut inſtruit, & Ardilley, convaincu de l'exiſtence d'une piece qu'il croyoit anéantie par les délais inſidieux qu'il avoit pratiqués pour en empêcher la conſommation, ne dit plus le mot, & ſe laiſſa condamner le 7 Avril 1764.

Il déclara appel de cet Appointement au Sénéchal, & fut condamné préſidialement, avec dépens.

Nous remarquerons en paſſant, que ſi réellement *Jean* Ardilley n'eût pas appoſé ſa ſignature dans ſon temps au bas de cet acte, il n'eût pas manqué de s'inſcrire en *faux incident*, & il auroit évité par-là des exécutions qu'il ſoutient avoir été l'origine de ſa ruine.

Mais les temps n'étoient point encore arrivés ; la cabale étoit enſevelie dans le cahos, & ce n'eſt que depuis qu'elle a paru ſur l'horizon, qu'on a vu réveiller une affaire conſommée, comme devant être le principal inſtrument de la machine qu'on vouloit faire jouer pour perdre l'Expoſant. Diſons mieux, c'eſt l'Expoſant qui a eu le malheur de paroître ſur la ſcene ; tout autre auroit eſſuyé les mêmes vexations, s'il ſe fût trouvé en ſa place ; c'eſt moins contre lui, que contre tous ceux qui auroient envie d'épouſer dans la ſuite des temps les intérêts du Seigneur de Leſpare, que les moteurs de ce procès inique ont dreſſé leurs batteries. L'exemple intimedera ſans doute ceux qui auroient envie de jouer le même rôle, ſe ſont-ils dit, & nous n'aurons plus de ſurveillans ; les Seigneurs de Leſpare ne viendront pas eux-mêmes contrôler nos actions ; & ſi nous ſommes aſſez heureux pour perdre les Gens d'affaires qui ſont attachés à la Maiſon de Grammont, nous pourrons alors glaner en plein champ.

Voilà dans le vrai le véritable motif qui a donné lieu à cette procédure monſtrueuſe, développons-en toute l'iniquité ; mais il eſt néceſſaire d'expoſer préliminairement la ſuite des faits, pour ne rien laiſſer à deſirer, & éteindre juſqu'à la moindre bluette de tout ſoupçon.

Nous avons dit que l'Adverſaire fut débouté de ſon appel, & condamné avec amende & dépens.

A la faveur de cette condamnation, la *veuve Meynieu* fit procéder par ſaiſie ſur les troupeaux de Jean Ardilley, les fit expoſer aux encheres juridiques, & ils furent vendus ; d'un autre côté, le Berger conducteur de ces troupeaux n'ayant pas été payé de ſes gages, le fit condamner, & fit ſaiſir ſa récolte.

Tant d'exécutions accumulées dérangerent la cervelle d'Ardilley ; il courut les champs, abandonna ſa famille, & ne ceſſoit de répéter que la reconnoiſſance de 1756 étoit la principale cauſe de ſa ruine.

Il eſt facile de s'appercevoir, pour peu qu'on faſſe attention à ce qui a été déjà dit, que de pareilles exclamations ne pouvoient partir que d'un viſionnaire, puiſqu'on a rapporté plus haut que le malheur de cet Adverſaire n'avoit pris ſa ſource que dans ſa mauvaiſe foi, & qu'il eût évité tous ces déſaſtres, s'il n'avoit pas vendu un bois qui ne lui appartenoit pas.

Dans le délire qui le pourſuivoit ſans ceſſe, il imagina de préſenter un Placet à M. le Procureur-Général, pour lui dénoncer cette reconnoiſſance comme une piece fabriquée, qu'il n'avoit jamais ſignée.

Ce reſpectable Magiſtrat ne fut pas induit à erreur ; pour prévenir toute ſurpriſe, il renvoya le Placet au Procureur d'Office de Leſpare, avec ordre de conſtater la vérité de l'accuſation.

L'Expoſant eut ordre de remettre la piece, & la vérification faite, le compte fut rendu à M. le Procureur-Général, qui connut toute la fauſſeté de cette allégation.

Déchu de ſon eſpérance, l'Adverſaire ſe tourna d'un autre côté ; il prétendit qu'il y avoit de l'erreur dans les arpentemens, qui lui occaſionnoit une augmentation de rente.

Mais une erreur & un faux ſont deux choſes qui ne ſympathiſent pas. Si cet Adverſaire eût perſiſté dans cette derniere opinion, il eût été facile de le guérir par une nouvelle vérification, & dès-lors tout auroit été fini; le procès de la *Meynieu* eût expiré en naiſſant, ſi *Jean* Ardilley, au lieu de conteſter une vérité, eût réclamé contre une erreur d'arpentage.

En effet, dès le moment qu'il fut queſtion de cette erreur, l'Arpenteur *Hourcade* ne fut-il pas chargé d'en faire la vérification? Et ſur le rapport de ce Géometre, qui conſtatoit qu'il y avoit une ſurcharge de *quarante ſols quelques deniers*, ſur la contenance des deux freres Ardilley, n'offrit-on pas de ſuite le rembourſement depuis l'indue perception, & de paſſer une nouvelle reconnoiſſance pour rétablir la rente ſuivant le taux qui lui étoit propre?

Les Ardilley ſe préſenterent pour la conſentir ; *Thomas*, qui, dans la premiere, avoit reconnu des biens appartenans à *Pierre* ſon fils, qui étoient communs avec *Jean*, & qu'il lui avoit cédés, demanda qu'il fût dreſſé deux reconnoiſſances ; elles le furent en effet ; les deux freres ſe rendirent chez le ſieur Pouard pour les conſommer.

Celle de 1756 fut rappellée dans l'acte, pour y ſtipuler l'erreur qui avoit donné lieu à une ſurcharge ; le ſieur Pouard lui paſſa en compte 30 l. qu'il avoit payé lors de la premiere reconnoiſſance, & *Thomas* prit du temps pour acquitter le reſtant de ce qu'il devoit ; il a rempli ſon obligation.

L'acte fut lu tout au long; le ſieur Pouard le ſigna : *Thomas* dit qu'il avoit perdu l'uſage de la ſignature ; il en fut fait mention dans cet acte.

La préſence de *Jean*, qui avoit répandu dans le public que *Thomas* ſon frere n'avoit jamais ſçu ſigner, fut cauſe de cette réticence.

Mais on ne peut s'empêcher de conclure que s'il eût été vrai que *Thomas* Ardilley n'eût pas ſigné la reconnoiſſance de 1756, arguée de faux, il n'auroit pas ſouffert qu'on eût rappellé cette reconnoiſſance dans l'acte poſtérieur, encore moins eût-il payé le reſtant des droits d'entrée portés dans cet acte prétendu faux : or on ne conteſtera ſans doute pas que lors de cette derniere reconnoiſſance, *Thomas* Ardilley ne ſe ſoit ſoumis à payer dans un temps fixé le reſtant du droit auquel cette prétendue piece fauſſe le ſoumettoit, & qu'il ne s'en ſoit acquitté ; comment donc pourra-t-on s'imaginer que cet homme ait voulu payer un droit déjà impoſé & établi dans un acte reconnu faux par *Jean* ſon frere, s'il n'eût réellement reconnu qu'il avoit été ſigné dans ſon temps, tant par ſon frere que par lui-même ?

Cette ſeule réflexion ſuffiroit pour faire éclipſer toute idée de faux; mais, d'un autre côté, s'il eſt établi que *Thomas* Ardilley ait reconnu cet acte de 1756, par les paiemens qu'il a faits, poſtérieurs à toutes les indécentes déclamations de *Jean* ſon frere, il n'eſt pas moins vrai que cette piece étant commune aux deux freres par les biens indivis qu'ils poſſédoient, & qu'ils ont reconnu en 1756, la ſignature de *Thomas* doit avoir le même ſort que celle de *Jean*; & que ſi celle de *Jean* a été fabriquée par une main étrangere, celle de *Thomas* a dû l'être de même : pourquoi donc ce *Thomas* ne s'eſt-il pas inſcrit en faux conjointement avec *Jean* ? Pourquoi, au lieu de payer, comme il a fait, droit d'entrée auquel il n'auroit pas été ſoumis, n'a-t-il pas crié à la vexation comme ſon frere ? C'eſt ſans doute parce qu'il a reconnu la vérité, & que toutes les démarches ultérieures qu'il a fait n'ont été hazardées que par l'impulſion d'une cabale effrénée, dont les délibérations ſont auſſi ténébreuſes que les idées, mais qui ſont diſſipées par le plus léger rayon de lumiere.

La reconnoiſſance de *Thomas* ainſi conſommée, l'Expoſant fit lecture à *Jean* Ardilley de celle qui le concernoit ; le ſieur Pouard la ſigna, & déclara avoir reçu la ſomme qui avoit été remiſe à l'Expoſant après la reconnoiſſance de 1756.

Jean refuſa de ſigner ; il voulut préalablement exiger le rembourſement des dépens des procès qu'il avoit ſoutenu, & une indemnité proportionnée à ſes pertes.

On lui repréſenta vainement qu'il avoit tort de rappeller des malheurs dont il auroit pu ſe préſerver ; qu'il ne pouvoit s'imputer qu'à lui-même les fraix que lui avoit occaſionné le procès qu'il avoit ſoutenu contre

la

la Dame *d'Augeard*, en vendant un bois qui ne lui appartenoit pas.

Qu'à l'égard de la veuve *Meynieu*, c'étoit encore sa faute s'il n'avoit pas payé annuellement les rentes auxquelles il étoit soumis, tout de même que les gages de son Berger; & que pour la surchage dont le rapport de l'arpentement de *Hourcade* faisoit mention, le sur-exigé lui seroit restitué par cette veuve; que s'il craignoit d'avoir un nouveau procès pour cette restitution, on alloit lui en compter le montant tout de suite: & en effet, l'Exposant lui offrit sur le champ, en especes découvertes, vingt-deux livres quelques sols, à quoi s'élevoit le sur-exigé.

C'est de cette offre, sans doute, que l'Adversaire a voulu tirer des conséquences absurdes, *à la page 9 de son Mémoire imprimé*; il représente l'Exposant comme le moteur du procès qui lui fut intenté par la veuve Meynieu; il prétend qu'elle ne fut que l'instrument qu'il faisoit mouvoir pour grossir les rentes de la ferme, y étant lui-même dès-lors intéressé; mais il auroit dû s'appercevoir que la veuve Meynieu demandoit des arrérages depuis *l'année 1748*, & que l'Exposant n'étoit arrivé à Lespare qu'*au mois de Novembre 1755*.

Cette allégation est encore démentie par l'époque du temps auquel l'Exposant a eu un intérêt dans cette ferme, puisqu'il n'y fut intéressé qu'au *1er Janvier 1758*.

Il faut d'ailleurs bien sentir le désespoir de sa cause, pour s'attacher à de pareilles minuties; la surcharge prétendue ne présente que *quarante sols* d'augmentation; la conséquence qu'on en tire contre l'avidité de l'Exposant, est donc bien aussi minutieuse que cette surcharge.

Tous les faits qu'on vient de rapporter, contenant la plus exacte vérité, que peut-on conclure de l'accusation intentée contre l'Exposant? Que *Jean* Ardilley a reconnu publiquement que la reconnoissance qu'il arguë de faux, n'a jamais contenu qu'une erreur; que si on eût voulu l'indemniser des fraix que son entêtement lui avoit occasionnés, il auroit signé celle qui avoit été dirigée en son nom en 1769, tout comme il avoit signé celle de 1756, & que la plainte qu'il veut faire accueillir aujourd'hui, n'est qu'une suite de cette même folie qui lui a fait si long-temps courir les champs.

Il n'est certainement pas nouveau que l'honnête-homme soit exposé aux caprices d'un imbécille, qu'une crasse ignorance conduit à des inconséquences excusables; mais il est plus qu'étonnant que des hommes, que leur rang & leur naissance élevent au dessus du commun, osent adopter un systême que l'équité & la droiture réprouvent, & que pour satisfaire une passion aveugle, ils veuillent sacrifier sans remords un homme public, dont l'état est toujours précieux à la société.

Jean Ardilley resta dans l'inaction depuis le refus qu'il fit de signer la reconnoissance dressée en 1769; & quoiqu'on assure dans le Mémoire imprimé de cet Adversaire, qu'il se plaignoit d'un faux *depuis 1761*, on a vu par toutes ses démarches, que suivant son aveu même il n'avoit caractérisé de faux la piece qui en est arguée, *qu'en 1763*, temps auquel la veuve Meynieu le fit assigner, puisqu'il avoue *à la page 8 de son Mémoire*, que sur l'assignation qui lui fut donnée le 26 Septembre 1763, à la requête de la Pichevin, conformément à une reconnoissance par lui consentie le 31 Décembre 1756, il s'écria aussi-tôt, que si cette *piece existoit, elle étoit fausse*.

Il suit de-là que c'est gratuitement que *Jean* Ardilley fait remonter la prétendue plainte de faux *en 1761*, & que ce n'est qu'ensuite des réponses prêtées par le sieur Pouard, qu'il a changé la date de ses exclamations sur cette reconnoissance.

Mais s'est-on bien apperçu que les réponses du sieur Pouard sont si contradictoires, & si diamétralement opposées à la vérité, qu'elles sont démenties par des pieces authentiques & littéraires; les *unes*, par les reçus qu'il a signés de sa main, qui constatent la fausseté des réponses qu'il a prêtées au sujet de la remise du droit d'entrée à lui faite par l'Exposant, & par l'arrêté même des comptes rendus par ce Chargé de procuration; les *autres*, par l'aveu même de *Jean* Ardilley, consigné à la *page 8 de son Mémoire*.

Il est donc évident que l'inscription en faux n'a été méditée qu'*en 1773*, & *Jean* Ardilley l'avoue encore *à la page 6 de son Mémoire*, il convient qu'il n'eût jamais hazardé cette plainte, s'il eût trouvé le moyen de faire accueillir en la Cour le Soit-Montré qu'il y avoit obtenu, voici les termes dont il se sert.

» Il n'y avoit donc d'autre ressource pour l'Exposant que la voie de
» la plainte en crime de faux principal, dont il n'avoit cessé d'arguer
» l'acte depuis 1763. »

Outre que par cette énonciation l'Adversaire convient que s'il eût pu trouver un autre ressource pour être remboursé des fraix auxquels ses procès avoient donné lieu, il n'auroit pas hazardé cette plainte calomnieuse, il se contredit encore avec l'allégation qu'il fait *à la page 9*, où il dit qu'il se plaignoit de la fausseté de la piece depuis 1761.

Tant de contradictions ne feront sans doute regarder cette plainte que comme une chimere; mais il n'eſt point d'homme pourvu d'un grain de raiſon, qui ne ſoit ſurpris à l'aſpect de cette procédure épouvantable, qui, faiſant gémir l'Expoſant dans les fers, prive un homme public de ſon état, une famille nomberuſe d'un pere, & un citoyen de ſa liberté, le plus précieux de tous les biens.

Quoiqu'Ardilley parût dans l'inaction depuis 1769, les ennemis de l'Expoſant travailloient cependant à ourdir ce malheureux procès, mais la mine ne ſe pratiquoit que dans les ténebres.

On avoit déja tenté pluſieurs moyens pour faire décheoir les Seigneurs de Leſpare de leurs droits les plus eſſentiels; divers procès intentés & perdus firent connoître aux uſurpateurs qu'ils n'avoient d'autre moyen pour éloigner de leurs cantons des yeux clairvoyans, que d'hazarder de les perdre par une calomnie.

Cette voie étoit odieuſe & infame; mais l'inſtrument dont ils devoient ſe ſervir étoit vil & ſans conſéquence; ils imaginerent que ſi les Accuſés détruiſoient l'accuſation, la réputation des moteurs n'en ſouffriroit aucune atteinte; ils firent porter une plainte en faux principal devant le Lieutenant-Criminel en Guienne le 20 Février dernier, contre l'Expoſant & le ſieur Pouard, deux hommes qui avoient en main les intérêts de M. le Duc de Grammont: ils ſe ſervirent de Jean Ardilley comme d'une machine ambulante, qu'ils ſe flatterent de remuer à leur gré ſans ſe compromettre.

Qu'on n'accuſe point l'Expoſant d'altérer la vérité pour faire perdre de vue le véritable point du délit, il s'eſt fait une loi de ne préſenter ſous les yeux de ſes Juges que des faits juſtifiés par des preuves, ennemi des allégations, il laiſſe à l'Adverſaire un genre de défenſe ſi éloigné de ſa façon de penſer.

Une lettre ſous date *du 28 Août 1768*, écrite à M. le Duc de Grammont par une perſonne de conſidération, prouvera démonſtrativement que l'Expoſant n'eſt que la victime d'une cabale effrénée, dirigée par un chef dont le crédit feroit trembler tout autre qu'un innocent.

C'eſt à regret qu'on eſt obligé de rapporter quelques fragmens de cette lettre, mais c'eſt néceſſaire pour faire connoître le principal reſſort de cette calomnieuſe accuſation. L'Expoſant eſt un homme public; ſa réputation lui eſt plus chere que la vie; il doit ſa juſtification à ſa famille; il la doit au Public; il ſe la doit à lui-même: il ſupporteroit ſans peine la perte de tous ſes biens; mais il mourroit de douleur, ſi ſa vie étoit ternie par l'indice même d'un crime. La Cour eſt ſuppliée de faire attention à ce qui va être rapporté: la délicateſſe de l'Expoſant ne lui permet pas de nommer l'auteur de cette lettre ; mais ſi elle eſt conteſtée par l'Adverſaire, elle ſera remiſe en original ſous les yeux de la Cour.

Fragmens de la lettre dont s'agit.

» Quelques Paroiſſes ſont à même de ſe ſoulever, & n'attendent pour » cet affet que quelqu'un qui veuille ſe mettre à leur tête ; perſonne ne » ſeroit plus en état de le faire que moi, par les titres que j'ai en main.

» Venons au fait. M. le Duc, il n'a pas été en votre pouvoir de donner » à nouveau fief les fonds que vous pouvez avoir dans ce marais.

» Je crois, ſauf votre meilleur avis, M. le Duc, que vous ne ſçauriez » vous diſpenſer de retirer la conceſſion que vous avez faite à vos Gens » d'affaires & autres, & vous éviterez un procès que vous ne ſçauriez » gagner.

» Quant à moi, je vous prierai, M. le Duc, de ne pas trouver mau» vais que je m'y oppoſe, &c. &c. &c. »

On ne rapporte ici que mot à mot ce qui eſt inſéré dans cette lettre; on a ſupprimé bien des choſes eſſentielles, qui auroient pu faire tomber le maſque, & donner au Public la connoiſſance de l'écrivain, ce qu'on évitera toujours avec la plus ſcrupuleuſe attention ; mais il eſt intéreſſant pour la réputation de l'Expoſant que ce même Public, qui juge toujours avec ſévérité, & ſouvent même avec prévention, puiſſe connoître l'origine de tous les malheurs ſous le poids deſquels l'Expoſant ſuccomberoit, s'il étoit rongé par le plus léger remords, mais que ſon innocence lui fait ſupporter avec conſtance.

Après avoir remarqué que la plainte en crime de faux n'a été que la ſuite du mauvais ſuccès de cette lettre, examinons à préſent l'irrégularité de la procédure qui s'en eſt enſuivie, & les efforts indécens que la cabale s'eſt permis pendant l'inſtruction ; nous prouverons enſuite que le prétendu faux qu'on impute à l'Expoſant, n'exiſte que dans l'imagination échauffée de ſes ennemis.

§. Ier.

Irrégularités de la Procédure.

La plainte de l'Adverſaire fut rendue le 20 *Février 1773*, pardevant le Lieutenant-Criminel en Guienne. Ardilley ſe plaint « qu'il a été dépoſé

» par acte public chez l'Exposant, de la part du sieur Pouard, une » prétendue reconnoissance sous signature privée, consentie par lui Ardilley » le 31 Décembre 1756, en faveur du Seigneur de Lespare.

» Qu'il a intérêt de faire renverser cet acte, c'est pourquoi il donne » Requête en crime de faux principal contre les auteurs & fabricateurs de » ladite piece, *qui doivent être*, y est-il dit, *les sieurs Pouard & Moutardier, parce que l'un a signé la reconnoissance, & que l'autre l'a reçue » en dépôt.*

Observations sur cette Plainte.

En supposant que cette reconnoissance fût aussi fausse, qu'il est vrai qu'elle ne l'est pas, on ne voit pas comment ce prétendu faux peut être imputé à l'Exposant, puisque l'Adversaire soutient que c'est le sieur Pouard qui l'a signée, & que l'Exposant l'a seulement reçue en dépôt.

Aux termes de la plainte, le sieur Pouard seroit seul le faussaire, puisque sa signature est apposée au bas de cette reconnoissance : le Notaire qui reçoit dans ses registres une obligation sous signature privée, ne peut en aucune maniere répondre du contenu en cette obligation, encore moins en être le fabricateur; nous verrons cependant que le sieur Pouard obtient son ampliation malgré sa signature, & que l'Exposant, qui n'en est que le dépositaire, est détenu dans les fers, *premiere irrégularité*, disons mieux, injustice criante, qui révolte la raison & l'équité.

A la suite de cette plainte on permet d'informer, & on ordonne que l'Exposant remettra dans quinze jours la minute de cette reconnoissance devers le Greffe.

La piece est remise : l'Adversaire présente le 19 Avril suivant une nouvelle Requête, tendante à ce qu'il lui soit permis d'informer de la fausseté de la piece par témoins, si besoin étoit, & par pieces de comparaison; l'information est permise; *Guichard* & *Pignon*, Ecrivains, sont nommés pour cette opération; ils déclarent que la main qui avoit fait les signatures apposées au bas des pieces de comparaison, n'étoit pas la même que celle qui avoit fait la signature apposée à la reconnoissance de 1756, & par cela même qu'elle étoit fausse.

Les pieces communiquées au Procureur du Roi, il ne trouve rien qui puisse être imputé à l'Exposant; il requiert un décret d'ajournement personnel contre le sieur Pouard, & ne dit pas le mot contre l'Exposant, parce qu'il ne découvre dans la piece ni signature de sa part, ni accusation précise de la part de l'Adversaire.

Cependant le Lieutenant-Criminel ne laiſſe pas de décerner un décret de priſe de corps, tant contre l'Expoſant, que contre le ſieur Pouard. Hé quoi ! parce qu'un Accuſateur intente une accuſation douteuſe, une plainte incertaine, déſignée telle par le mot *doivent-être*, on décrete de priſe de corps un Officier public, ſans information préalable, ſur le ſimple doute d'un homme ſans aveu, ſans requiſition de la Partie publique, parce qu'il y aura une relation d'Experts ignares, qui, s'ils avoient reçu de la nature les premieres lueurs de la raiſon, auroient ſçu faire la différence des temps & des circonſtances? Faut-il que l'opération la plus délicate d'une procédure, opération qui parut toujours douteuſe aux lumieres des plus grands Criminaliſtes, ſerve de prétexte pour enchaîner un innocent, qui n'eſt reconnu coupable ni par l'Accuſateur, ni par la relation des Ecrivains experts, qui n'ont fait aucune mention de lui, ni par le Vengeur public même, Partie néceſſaire dans l'inſtance criminelle ?

Le décret de priſe de corps décerné contre l'Expoſant eſt entiérement oppoſé à la diſpoſition de *l'art. premier du tit.* 10 de l'Ordonnance de 1670. *Tous décrets*, y eſt-il dit, *ſeront rendus ſur les concluſions de nos Procureurs, ou de ceux des Seigneurs.* Tous les Commentateurs de cette Ordonnance nous apprennent qu'il n'y a que le cas de flagrant délit où le Juge puiſſe décréter d'office ſans concluſions du Vengeur public.

Dans la cauſe de l'Expoſant toutes les regles ont été violées ; le décret eſt décerné ſans information & ſans concluſions ; ce préliminaire prépare à des irrégularités ſans nombre, qui ſe ſuccedent les unes aux autres dans tout le cours de l'inſtruction, & qui ont donné lieu à la plus monſtrueuſe injuſtice.

En vertu de ce décret, l'Expoſant eſt arrêté & traduit dans les priſons de la Cour ; on imagine ſans doute qu'il va ſubir ſon interrogatoire, rien moins que cela, on l'oublie pendant trois jours ; on feint d'ignorer que le *tit.* 14 de l'Ordonnance criminelle, *art. premier*, preſcrit à tous Juges la néceſſité d'interroger inceſſamment un Accuſé, & au plus tard dans les vingt-quatre heures après l'empriſonnement, *à peine de tous dépens, dommages-intérêts contre le Juge qui doit faire l'interrogatoire* ; en un mot, il n'eſt interrogé que le troiſieme jour.

Nous avons dit que ce décret avoit été donné ſans information préalable, la date de l'un & de l'autre en établit inconteſtablement la preuve.

Le décret contre l'Expoſant a été décerné *le deux Août*, & l'information n'a été commencée que *le neuf du même mois.*

L'audition de l'Expoſant a été rendue *le quatre* de ce même mois, & conſéquemment cinq jours avant l'information.

Comment a-t-on donc pu décréter ſur une ſimple allégation un homme domicilié ? Comment a-t-on pu l'interroger ſur la vérité d'un délit, ſans ſçavoir ce que des témoins dépoſeroient contre lui ? Le Juge prépoſé pour interroger un Accuſé, ne doit-il pas être déterminé par des dépoſitions qui puiſſent le convaincre de la fauſſeté ou de la vérité des réponſes du prévenu, pour connoître ſi l'accuſation eſt bien ou mal fondée ?

Nous dira-t-on que la relation des Experts étoit plus que ſuffiſante pour donner au Juge les lumieres qui lui étoient néceſſaires ? Ce prétexte ſeroit démenti par la relation même de ces Experts ; ils ne nomment perſonne ; ils diſent ſeulement que la ſignature appoſée au bas des pieces de comparaiſon, n'eſt pas la même que celle appoſée au bas de la reconnoiſſance de 1756 ; mais ils ne diſent pas que c'eſt l'Expoſant qui a fabriqué cette ſignature prétendue fauſſe.

Il eſt donc évident qu'il étoit de néceſſité indiſpenſable de ſçavoir ce que diroient les témoins de l'information, & le ſieur Pouard dans ſon audition, pour pouvoir décerner avec juſtice un décret de priſe de corps ; il eſt encore tout ſimple qu'on ne pouvoit interroger l'Accuſé avec connoiſſance de cauſe qu'enſuite des dépoſitions ; le Procureur du Roi a ſi bien ſenti la conſéquence de ce préliminaire indiſpenſable, qu'il s'eſt bien gardé de violer une regle généralement obſervée, & qu'il n'a pas ſeulement requis contre l'Expoſant un ſimple décret *de ſoit oui*.

Pourſuivons, & la Cour ſera toujours plus ſurpriſe des vices capitaux qui infectent cette odieuſe procédure.

L'information eſt commencée *le neuf d'Août* ; que nous apprennent les témoins ? rien abſolument qui ſoit relatif à la plainte ; ils doivent tous avoir dépoſé ſur des faits étrangers, & le Juge reçoit leurs dépoſitions.

M[e]. Jean *Clémanceau*, Notaire, premier témoin, ne doit avoir dépoſé que d'un acte de ſyndicat paſſé dans ſon étude en 1768 par *Thomas* Ardilley, frere de l'Adverſaire, & pluſieurs autres Tenanciers de la Paroiſſe de Hourtin, ſe plaignant de ſurcharge, contre l'Expoſant & le ſieur Pouard ; le Juge, ſans concluſions de la Partie publique, ordonne que cet acte ſera dépoſé devers le Greffe, *pour y avoir recours quand beſoin ſera.*

Cette dépoſition, entiérement étrangere à la plainte, eſt non-ſeulement reçue par le Juge, mais elle eſt encore conſacrée par une Ordonnance de ſa part, *pour y avoir recours quand beſoin ſera.*

A quelle foule étonnante de réflexions la Cour va-t-elle être livrée par cette Ordonnance du Juge, lorſque dans la ſuite de ce Mémoire elle apprendra que la cabale n'ayant pu trouver dans l'information des charges suffisantes pour la conviction de l'Exposant, eut recours à un acte capitulaire ourdi par une machination inouie & consommée, après avoir sonné le tocsin pour émeuter les Habitans, acte qui ne fait aucune mention de faux, mais crie seulement à la surcharge, à la vexation.

Or, dès qu'on fera attention que la déposition de *Clémanceau* ne parle que de l'acte capitulaire de 1768, pour raison de la surcharge, & que le Juge ordonne que cet acte sera déposé, *pour y avoir recours quand besoin sera*, que peut-on conclure de cette Ordonnance du Juge?

L'Exposant voudroit bien pouvoir en dérober les conséquences au Public, comme il voudroit se les cacher à lui-même; mais l'homme d'honneur, dont on veut ternir la vie & noircir la réputation, ne doit rien omettre pour conserver ce bien précieux; il est forcé d'observer qu'il semble que le Juge étoit dans la confidence des conjurés; car à propos de quoi auroit-il ordonné le dépôt de cet acte de 1768, *pour y avoir recours quand besoin sera*, s'il n'eût été instruit de l'acte capitulaire qu'on méditoit en surcharge & en concussion, pour en former une adhésion à la plainte?

L'Exposant jetteroit un voile sur cette observation, mais il ne peut dissimuler ce qui est irrégulier & capable d'opérer la cassation de toute cette procédure.

Or il est certain que *Clémanceau* ayant déposé sur des faits étrangers à la plainte de *Jean* Ardilley, non-seulement le Juge n'a pu l'écouter, mais il n'a pas même dû faire coucher sa déposition par écrit.

Cette maxime est triviale & généralement reconnue; elle est consignée dans les Arrêts de réglement de tous les Parlemens du Royaume; l'Auteur des Causes célebres, *tom.* 9, rapporte deux Arrêts du Parlement de Paris, des *21 Mai 1731* & *17 Mai 1734*, qui en conséquence, y est-il dit, des réglemens, ont déclaré nulles des informations, parce que les témoins y avoient déposé de faits étrangers à la plainte.

Cette irrégularité est frappante sans doute; mais quel vice plus patant encore que cette Ordonnance du Juge, qui, en écoutant un fait qu'il devoit élaguer de la déposition, ordonne, sans conclusions de la Partie publique, que l'acte qui constate ce fait sera déposé, *pour y avoir recours quand besoin sera*?

Par un Arrêt de réglement du Parlement de Paris, du *8 Juillet 1738*, il est enjoint au Lieutenant-Criminel d'*Orléans* d'observer les Ordonnances; & en conséquence, lorsqu'un témoin déposera & indiquera d'autres faits que ceux portés par la plainte, de rendre une Ordonnance pour informer

informer ſur la plainte qui en ſera rendue par la Partie publique, & non autrement; ainſi, eſt-il dit par *Serpillon*, ſur le tit. 3, art. premier, des plaintes & dénonciations, le Juge doit ordonner la communication au Procureur du Roi ou Fiſcal, pour qu'il donne à cet égard la plainte, & qu'il faſſe informer ſéparément, à ſa requête, des faits étrangers. L'Arrêt de réglement du *8 Juillet 1738*, que nous venons de citer, eſt rapporté par M. Jouſſe, dans ſon Recueil des Édits, *tom. 3*, *pag. 569*.

Malgré toutes les irrégularités qui fourmillent dans la dépoſition de ce témoin, & où on découvre le deſir qu'on a eu de porter un préjudice meurtrier à l'Expoſant, nous ſoutenons au contraire que c'eſt une piece victorieuſe, qui ſert de preuve complette pour manifeſter ſon innocence.

En effet, nous verrons dans la dépoſition de *Thomas* Ardilley, que ce témoin, frere de l'Accuſateur, dépoſant dans ſa propre cauſe, ſoutient qu'il n'a jamais conſenti la reconnoiſſance arguée de faux; nous trouvons cependant dans la dépoſition de ce *Clémanceau*, qui vient d'être analyſée, que *Thomas* Ardilley étoit le chef de ces Tenanciers de Hourtin, qui paſſerent un acte capitulaire en 1768, non pour ſe plaindre de faux, mais de ſurcharge dans les reconnoiſſances retenues par l'Expoſant.

Or, s'il eſt vrai que *Jean* Ardilley, frere de *Thomas*, ait eu connoiſſance de cette reconnoiſſance prétendue fauſſe, conſentie conjointement avec *Thomas* ſon frere en 1763, il eſt ſimple de conclure que *Thomas* intéreſſé dans cette reconnoiſſance, tout comme *Jean*, en a eu notice à la même époque; il en a d'ailleurs convenu dans ſa confrontation avec l'Expoſant; pourquoi donc, cinq ans après, au lieu de ſe plaindre d'un faux dans l'acte capitulaire de 1768, ne s'eſt-il plaint que de ſurcharge dans les reconnoiſſances retenues par l'Expoſant? C'eſt parce qu'il ne pouvoit pas douter de l'exiſtence de ſa ſignature, tout comme de celle de *Jean* ſon frere; il ne faut certainement pas être grand Logicien pour tirer une conſéquence juſte de cette démarche, qu'on ne peut regarder que comme une choſe mûrement peſée & réfléchie; démarche qu'on ſe feroit bien gardé de faire, ſi on eût imaginé devoir s'inſcrire en faux principal contre cette même reconnoiſſance.

La dépoſition de Guillaume *Dumas* eſt encore contraire à toutes les regles; c'eſt un témoin qui dépoſe d'un fait qui lui eſt perſonnel, qui ſe préſente devant le Juge qui doit l'entendre, avec une reconnoiſſance dans ſes mains, qui conſtate la fauſſeté de ſa dépoſition, puiſqu'il prétend que l'Expoſant lui a uſurpé cinquante-ſept écus, ſous prétexte d'un droit d'entrée, & qu'il ne lui a donné qu'un chiffon de papier, qui ne contenoit rien moins qu'un reçu de cette somme, tandis que le reçu est porté par cette même reconnoissance; aussi n'a-t-elle pas eu le sort de bien d'autres, qui ont été déposées devers le Greffe; celle dont s'agit fut rendue à celui qui l'avoit représentée, parce qu'elle étoit un témoin irréprochable du faux exposé de *Dumas.*

Observons que toutes ces dépositions commencent par *un avoir oui-dire* publiquement; que *Jean* Ardilley se récrioit contre une reconnoissance qu'il prétendoit n'avoir pas signée, & qu'à ce préliminaire succede aussitôt une affaire étrangere à cette plainte, & personnelle au déposant; quatre lignes suffisent pour ce qui concerne l'accusation, & trois ou quatre pages contiennent à peine tous les faits étrangers, dont chacun en particulier est personnel à celui qui dépose.

De sorte que cette prétendue information, qui, suivant les regles, ne doit contenir que des faits lumineux pour parvenir à la connoissance de l'accusation, n'est qu'un dédale obscur & ténébreux, qui n'est propre qu'à jetter de la confusion dans l'esprit du Juge, au lieu de lui dessiler les yeux sur la vérité du délit; disons mieux, c'est une délation bien caractérisée de la part de celui qui est oui; c'est une plainte plutôt qu'un témoignage, qui par cela seul rend le déposant suspect, & par une suite nécessaire annulle sa déposition.

Le Juge de son chef qui entend ce témoin, & ne lui impose pas silence, remplit le ministere du Vengeur public, & perd le caractere qui lui est propre; il fait suspecter sa religion, & feroit présumer que toute son attention se borne à découvrir un coupable, sans vouloir prêter à l'innocent les secours qu'il doit lui fournir, s'il consulte la délicatesse de son ministere.

Toutes les dépositions sont infectées des mêmes vices; elles doivent donc toutes être déclarées suspectes, & ne peuvent fournir aucune charge probante contre l'Exposant; on ne doit point ajouter foi aux témoins qui ne se présentent que dans le dessein de nuire à l'accusé, *& propterea famæ tanquam rei fragili, fallaci, perniciosæ, & ut plurimum transmissæ ab iis qui nocere cupiunt, & qui ita desiderant de hoc famam esse minimè credendum.* Farinasius, quest. 47, nomb. 8.

M. L'Avocat-Général *Talon* fait cette différence remarquable entre les *dénonciateurs* & les *témoins* qui déposent des faits étrangers; il appelle les *premiers* des dénonciateurs forcés, & les *autres* des dénonciateurs volontaires; le *dénonciateur volontaire*, dit ce grand Magistrat, agit en pleine liberté, & eſt toujours cenſé avoir ſuivi les mouvemens de ſa paſſion; il doit être puni rigoureuſement, s'il ne juſtifie pas ſon accuſation.

Rapprochons les dépoſitions de *Dumas* & de *Thomas* Ardilley, & nous trouverons que le premier ſe plaint dans ſa dépoſition, que l'Expoſant a exigé de lui une ſomme, ſans lui avoir fourni de reçu, tandis qu'il eſt juſtifié du contraire par la reconnoiſſance même qu'il préſente comme piece de conviction. Nous verrons dans celle de *Thomas Ardilley*, qu'il déclare n'avoir jamais rien payé à compte du droit d'entrée de la reconnoiſſance de 1756, que ſon frere arguë de faux, tandis que par une reconnoiſſance par lui poſtérieurement conſentie en 1769, il eſt littéralement prouvé qu'on lui a tenu compte de ce paiement.

De *pareils témoins*, ou plutôt *dénonciateurs volontaires*, ſuivant M. *Talon*, peuvent-ils être écoutés dans une accuſation où l'honneur, la fortune & la vie d'un Citoyen ſont compromis? Et l'Expoſant ne doit-il pas eſpérer de la juſtice de la Cour une indemnité contre toute cette cohorte mercenaire, proportionnée au préjudice qu'une accuſation calomnieuſe lui occaſionne?

Le Légiſlateur, qui s'eſt plutôt occupé du ſoin de protéger l'innocent, que de pourſuivre le coupable, a excepté la calomnie du nombre des autres crimes; il en a ſi bien connu toute l'horreur, qu'il a ſoumis le *faux dénonciateur*, non-ſeulement à une indemnité proportionnée à l'offenſe envers l'accuſé, mais il a voulu encore qu'il fût puni d'une peine capitale. *Calumniatores*, dit-il, *non modo litis ſumptibus, ſed etiam mulcta pecuniaria, etiam ſi res poſtulat, capitali pœna puniri debere placuit. Cod. Favre, liv. 9, tit. 11, déf. 2.*

Quoique la peine du talion ſoit abolie en France, elle ſubſiſte cependant contre le calomniateur. *Chaſſeneux*, ſur la Coutume de Bretagne, *tit. 1, rubr. 1, n. 14*, nous apprend que le calomniateur faux dans une dépoſition, ſubornation & autres cas ſemblables, eſt puni même en France de la peine du talion, c'eſt-à-dire de la même peine qui auroit été infligée pour le crime dont le calomniateur avoit chargé l'accuſé.

Bruneau, tit. 17, max. 12, rapporte un Arrêt du Parlement de Paris, qui condamne à des dommages-intérêts des témoins qui ont dépoſé dans une information comme parens du dénonciateur; cette queſtion a encore été décidée par un Arrêt du même Parlement, rendu par la Chambre Tournelle le 3 Juin 1699.

A combien plus forte raiſon doivent être rejettés des témoins, dont la plupart ſont *proches parens* de l'accuſateur, tels que *Pierre* & *Thomas*

Ardilley, l'un frere, & l'autre *neveu* de l'accufateur, & où tous les autres font *accufateurs* eux-mêmes; car on peut avancer fans craindre de fe méprendre, que tous les témoins ouis en l'information qui nous agite, ont chacun fourni dans leurs dépofitions une accufation différente, & à eux particuliere ou perfonnelle contre l'Expofant.

D'après ces faits, vérifiés par les pieces qui feront mifes fous les yeux de la Cour, il feroit inutile de furcharger ce Mémoire, qui ne paroîtra déja que trop volumineux, d'une difcuffion particuliere fur chaque dépofition; elles font toutes telles qu'elles ont été annoncées; & puifqu'elles doivent toutes fubir le même fort, il feroit fuperflu de s'attacher aux irrégularités qui les concernent en particulier; il nous fuffira d'obferver que l'Adverfaire, ou fes moteurs, ont fi fort reconnu tous les vices de cette procédure, que lorfqu'ils fe font apperçus qu'elle étoit, non-feulement vicieufe dans la forme par toutes les irrégularités dont elle eft infectée, mais encore qu'elle ne prouvoit rien contre l'Expofant dans le fond, qui pût conftater la vérité de la plainte, ils ont cru qu'il leur feroit facile de lui donner quelque confiftance en entaffant horreur fur horreur, & pour cet effet ils ont émeuté les habitans de la Paroiffe de Hourtin, qu'ils ont affemblés au fon de la cloche, au fortir de la Meffe paroiffiale.

Cette démarche illicite, profcrite par tous les Réglemens du Royaume, & dans tous les pays policés, étoit fans doute délibérée avant l'information, mais on la gardoit comme un corps de réferve, pour s'en fervir au befoin; elle ne devoit paroître fur les rangs que dans le cas où les témoins qui auroient été entendus n'auroient pas rempli la preuve du délit.

§. II.

Adhéfion à la plainte en faux par une plainte en concuffion.

Il paroîtra nouveau fans doute qu'une Colonie entiere époufe la querelle d'un particulier; mais ce qui furprendra davantage, ce fera de voir qu'une plainte générale, abfolument étrangere à celle-là, foit accueillie en Juftice, & foit jointe à la premiere.

Jufqu'à ce moment, l'adhéfion aux plaintes criminelles n'étoit attribuéequ'au Miniftere public; les habitans de Hourtin, ou pour mieux dire, les moteurs de ce procès infame, viennent de publier un nouveau Code, qui permet à des particuliers d'intervenir dans une inftance criminelle, dans laquelle aucun des intervenans ne ſçauroit préſenter le plus petit intérêt relatif à cette plainte ; cette Loi municipale à cette ſeule Communauté, ſera-t-elle enrégiſtrée par la Cour ?

Les ennemis ſecrets de l'Expoſant, ou plutôt des Seigneurs de la Sirie de Leſpare, convaincus que l'inſcription en faux dirigée contre les Agens & chargés de procuration de la Maiſon de Grammont, ne ſuffiroit pas pour chaſſer ces ſurveillans de leurs cantons, parce qu'ils ne pourroient jamais en conſtater la preuve, s'aviſerent, pour parvenir à leur objet, de députer un *quidam* dans la Paroiſſe d'Hourtin, dont l'éloquence fût capable de ſéduire les eſprits ; & en effet un jour de Dimanche ce *quidam* s'étant placé ſur le ſeuil de la porte de l'Egliſe, arrêta tous ceux qui ſortoient de la Meſſe.

Les cloches précéderent la harangue ; & ſe livrant enſuite à tout le feu de ſon imagination, il perſuada aux habitans de cette Paroiſſe qu'il ne manquoit plus pour perdre l'Expoſant & le ſieur Pouard, qu'une intervention à la plainte de *Jean Ardilley*, qu'ils n'avoient qu'à nommer des Syndics, & qu'à la faveur du pouvoir que ces Syndics auroient en main, la délivrance de Jéruſalem étoit infaillible.

Cet acte ſéditieux fut paſſé le 15 Août dernier ; les pouvoirs furent donnés par quatorze habitans aſſemblés, à *Jean Roque* & *George Moreau*, Laboureurs, *& pour eux & en leurs noms de donner Requête en adhéſion à la plainte en crime de concuſſion, portée devant M. le Lieutenant-Criminel en Guienne, & icelle pourſuivre juſqu'à Sentence & Arrêt définitif.*

L'aveuglement préſide toujours dans ces aſſemblées tumultueuſes, c'eſt un acceſſoire inſéparable de la paſſion ; les pouvoirs donnés à ces deux Syndics vont le prouver inconteſtablement.

Eſt-il délibéré par cet acte de pourſuivre l'Expoſant & le ſieur Pouard en crime de concuſſion ? Non ; *mais d'adhérer à la plainte portée contre eux en ce crime* ; or la plainte portée eſt *en crime de faux* : donc l'acte capitulaire n'eſt attributif d'aucun pouvoir en faveur des Syndics : donc cet acte eſt une chimere, qui ne contient rien du tout, puiſque pour pouvoir adhérer à quelque choſe, il faut que cette choſe exiſte ; or on défie de prouver que la plainte de *Jean Ardilley* ſoit en concuſſion.

Cet acte eſt non-ſeulement nul, parce qu'il donne pouvoir d'adhérer à une plainte qui n'exiſte pas, mais il ſert encore à prouver invinciblement le complot odieux qu'on a formé d'écarter de la Sirie de Leſpare tous ceux qui auroient envie d'épouſer les intérêts du Seigneur ſuzerain.

En effet, on voit que dès le moment qu'on s'apperçoit que le coup qu'on a voulu frapper contre l'Expoſant & le ſieur Pouard ne peut porter ; on s'eſt tout de ſuite tourné d'un autre côté, & on a imaginé qu'une adhéſion chimérique en concuſſion, quoique étrangere à la plainte principale, ſuppléeroit au défaut de la premiere.

Mais en ſuppoſant qu'au lieu d'adhérer à une plainte en concuſſion, l'acte dont s'agit eût véritablement contenu une adhéſion au crime de faux, cette plainte auroit-elle pu faire à l'Expoſant la plaie meurtriere que la cabale s'étoit propoſé ? Les Syndics nommés par cet acte auroient-ils qualité pour la pourſuivre ?

La plus ſimple réflexion ſuffit pour établir la preuve du contraire. *George Moreau*, un des Syndics nommés pour pourſuivre l'adhéſion à la plainte, eſt *un témoin de l'information ;* il ne peut donc pas être témoin & accuſateur dans la même plainte : d'ailleurs, ce George Moreau eſt un homme ſur la foi duquel il n'eſt pas poſſible qu'un Juge impartial puiſſe ſtatuer.

Comment en effet peut-on accueillir la dépoſition d'un homme qui ſe déclare lui-même fauſſaire en préſence du Juge qui la reçoit ?

Ce *George Moreau* n'a-t-il pas ſoutenu dans ſa dépoſition, qu'il n'avoit pas ſigné la reconnoiſſance qu'il apportoit ſur le Bureau pour preuve de conviction contre l'Expoſant, parce qu'il étoit perſuadé qu'elle contenoit une ſurcharge ?

Quoi ! cet homme a l'impudence de ſoutenir à la face de la Juſtice, que quoiqu'il ſçache ſigner, il paſſe un acte dans lequel il déclare le contraire ! Et on ajoutera foi à la dépoſition d'un impoſteur ! Et ce même homme aura encore la confiance d'une Communauté d'habitans, pour pourſuivre une victime que cette cabale deſtine au ſacrifice affreux qu'elle veut faire de l'innocence !

Ce choix, digne de ſes auteurs, manifeſte lumineuſement combien un Juge éclairé doit ſe méfier de l'Accuſateur, & les précautions qu'il doit prendre pour développer l'iniquité de l'accuſation.

Et cependant la Requête en adhéſion eſt préſentée, elle eſt reçue, & on ſe prépare à procéder en vertu de cette adhéſion. Quel tiſſu étonnant d'horreurs & d'irrégularités !

Les horreurs n'ont pas beſoin d'autorités pour en conſtater la preuve ; elles éblouiſſent tous ceux qui en ſont inſtruits ; elles pénétrent de la plus vive indignation les lecteurs & les auditeurs : les irrégularités exigent une plus ample inſtruction, elles ne frappent que ceux qui par état doivent connoître les Loix ; il eſt donc indiſpenſable de les prouver par des maximes.

L'intervention d'un tiers eſt-elle recevable au criminel ? Les Loix, les Arrêts, la Juriſprudence, n'accordent ce droit qu'au Miniſtere public.

Serpillon, dans ſes notes ſur le Code criminel, *page 1500*, nous apprend qu'on ne reçoit pas l'intervention d'un tiers lorſque la procédure lui eſt étrangere ; il cite un Arrêt du *13 Février 1737*, rendu au Parlement de Dijon. Les Parties, dit-il, étoient le Notaire *Crepei*, la nommée *Chevalier* ſa mere, & le ſieur *de Réal*, intervenant & demandeur en réparation & dommages-intérêts, pour inſulte & diffamation qu'il diſoit être contenues dans la procédure inſtruite contre *Crepei* & *ſa mere :* l'intervention du ſieur *de Réal* avoit été reçue, il n'y avoit plus moyen de l'en débouter ; mais l'Arrêt le mit hors de Cour ſur ſes demandes.

Tous les Criminaliſtes ſont unanimes ſur cette queſtion ; nous nous diſpenſons de rapporter leurs déciſions particulieres, on n'en découvrira aucune de contraire.

L'Expoſant ſe flatte d'avoir prouvé démonſtrativement que tous les vices de cette procédure ſont capitaux ; il connoît trop l'intégrité de la Cour, pour ne pas ſe flatter que l'appel qu'il a interjetté du décret contre lui décerné, & de tout ce qui s'en eſt enſuivi, ſera favorablement accueilli.

Il a demandé ſon ampliation devant le premier Juge ; mais les motifs qui ont dirigé la procédure contre lui étoient trop puiſſans pour qu'il pût eſpérer de l'obtenir.

La Cour ne ſera cependant pas peu ſurpriſe, lorſqu'elle ſera inſtruite que le ſieur Pouard, Coaccuſé, l'a obtenue ſans difficulté, & qu'il jouit d'une entiere liberté, tandis que l'Expoſant gémit dans une dure captivité.

L'Expoſant eſt bien éloigné de vouloir incriminer le ſieur Pouard ; il eſt convaincu par la connoiſſance qu'il a de la plainte, que ce Coaccuſé n'eſt pas plus coupable que lui ; mais il ne peut s'empêcher de ſe récrier contre la préférence qu'on a fait de ce Coaccuſé pour lui rendre ſa liberté.

Il eſt évident par la piece même arguée de faux, que ſi cette reconnoiſſance contenoit une fauſſeté, elle ne pourroit être imputée qu'au ſieur Pouard, dont la ſignature y eſt appoſée, & que le contenu en l'acte n'eſt écrit ni de la main de l'Expoſant, ni ſigné par lui, ce qui n'empêche pas qu'il n'ait rendu hommage à la vérité, en racontant toutes les circonſtances qui ont donné lieu à cette reconnoiſſance, qui ne préſente pas même l'idée d'un faux.

§. III.

La reconnoiſſance dont s'agit peut-elle être arguée de faux?

Trois choſes ſont néceſſaires pour caractériſer un crime de faux; le *préjudice* que la piece arguée peut porter à l'accuſateur, le *dol* & le *profit* que peut en retirer l'accuſé.

Nous allons ſucceſſivement diſcuter ces trois chefs, & l'Expoſant ſe ſoumet à toutes les rigueurs des Loix, ſi on peut découvrir la plus petite de ces qualités dans la piece arguée.

Que contient la reconnoiſſance de 1756? la déclaration des fonds que poſſedent les freres Ardilley, ſoit *conjointement*, ſoit *ſéparément*, dans la cenſive du Seigneur de Leſpare, & une inféodation de terrein vacant, appartenant à ce même Seigneur, en faveur de ces deux freres.

L'Accuſateur en faux poſſede-t-il ce terrein, ne le poſſede-t-il pas? S'il le poſſede, de quel droit veut-il être poſſeſſeur ſans titre?

S'il lui faut une reconnoiſſance & un bail à nouveau fief pour avoir un titre de poſſeſſion, de quoi peut-il ſe plaindre, puiſque la reconnoiſſance de 1756 remplit ces deux objets, qu'elle n'eſt autre choſe qu'un titre réel & inconteſtable, qu'il peut oppoſer au Seigneur toutes les fois que la propriété de ce terrein pourra lui être conteſtée par le Seigneur ou ſes ayans cauſe?

Mais, nous dira l'Adverſaire, je poſſédois ce terrein en vertu des reconnoiſſances antérieures conſenties par mes auteurs; je n'avois donc pas beſoin d'une nouvelle reconnoiſſance, puiſqu'en vertu de la premiere j'en étois déjà le propriétaire, celle qu'on ſuppoſe aujourd'hui n'eſt qu'un double emploi.

Cet argument ſera ſans replique, lorſque *Jean Ardilley* ſe préſentera à la Juſtice avec une reconnoiſſance dans ſes mains, qui conſtatera l'inféodation faite à ſes auteurs par les Seigneurs de Leſpare, de la totalité du terrein dont il jouit; mais tant qu'il ſe contentera de crier à la vexation, ſans piece juſtificative d'une propriété légale, tant qu'il s'inſcrira en faux contre une piece qui lui accorde un titre & des poſſeſſions qu'il n'a jamais eu, on lui répondra toujours avec ſuccès: vous êtes malade, mon ami, ayez recours aux Médecins, s'il s'en trouve d'aſſez expérimentés pour raccommoder les cervelles dérangées; mais ne vous

vous amuſez pas de venir abuſer des momens précieux des Miniſtres de la Juſtice.

Il eſt donc évident que ſi la piece que l'Adverſaire arguë de faux eſt ſon ſeul & unique titre attributif de propriété, à raiſon des fonds qui lui ſont concédés, cette piece ne doit ni ne peut contenir un faux, *falſum enim eſt quælibet veritatis immutatio facta dolo malo in alterius injuriam.* L. *ſi quis*, *ff. de juriſd.*

Il ne reſte donc à l'Adverſaire, pour conſtater le faux dont il ſe plaint, qu'à faire apparoître d'une reconnoiſſance antérieure à celle de 1756, telle qu'on vient de le dire, juſqu'alors toute audience doit lui être déniée ; il ne peut en aucun état de cauſe faire accueillir ſon inſcription en faux contre l'Expoſant.

Le faux ſeroit encore conſtaté, ſi l'Expoſant avoit appoſé ſa ſignature au bas de l'acte, & que cet acte eût été ſouillé par quelque changement dans ſon eſſence, ou par quelque clauſe interlignée dans le corps de la piece, ſans avoir été approuvé par le Notaire, par les témoins, & par les Parties intéreſſées, c'eſt ce que la Loi appelle un ſigne adultérin, *ſignum adulterinum ;* mais découvre-t-on la moindre altération dans l'eſſence, le moindre changement dans la nature qui lui eſt propre?

On défie l'Adverſaire de le prouver; *d'abord*, ce n'eſt pas un acte public; en *ſecond lieu*, il ne préſente qu'une obligation privée, où la ſignature des Parties intéreſſées eſt ſimplement requiſe pour en conſtater la validité.

Mais, nous répondra-t-on encore, comme on l'a déjà fait dans le Mémoire imprimé : *c'eſt vous qui êtes le fabricateur de cet acte; on ne peut vous méconnoître dans l'énonciatif, puiſqu'il y eſt dit pardevant le Notaire Royal ſouſſigné ;* premier indice.

Les Témoins-Experts ont déclaré que la ſignature appoſée au bas de cet acte n'eſt pas la même que celle qui eſt appoſée au bas des pieces qui ont été donnés pour comparaiſon; indice ſecond, à la faveur duquel on ne peut pas ſe méprendre.

Ces deux objections ſeront auſſi-tôt détruites que propoſées.

On a déjà répondu à la *premiere* dans le détail des faits, en expoſant de quelle façon la choſe s'étoit paſſée ; on n'uſera pas de redite, pour ne pas ſurcharger ce Mémoire.

A l'égard de *la ſeconde*, il eſt ſurprenant qu'on oſe la donner comme une piece de conviction. Comment en effet ces Experts ont-ils pu décider que la ſignature diſſemblable des pieces de comparaiſon, étoit la ſignature de *Jean*, plutôt que celle de *Thomas*, puiſque leur ſignature reſpective ſe trouve au bas de cette reconnoiſſance, ſans aucune marque diſtinctive ? Quelle raiſon nous donneront-ils pour nous apprendre de quelle façon ils ſe ſont décidés pour l'un plutôt que pour l'autre? Qui leur a indiqué cette ſignature?

Lorſque l'Expoſant les a interpellés de répondre ſur cette objection, ils ont dit *qu'ils s'étoient arrêtés à la ſignature la plus prochaine de la ſignature Pouard.* Mais pourquoi à la plus prochaine, plutôt qu'à la plus éloignée? *Parce*, diſent-ils, *qu'elle leur a été indiquée par le Greffier.*

Cette réponſe eſt de l'invention des Experts; car, quel droit avoit le Greffier de leur indiquer la ſignature ſur laquelle ils devoient opérer ? Quel autre que le Juge pouvoit être l'indicateur de cette opération? Elle devoit être déſignée dans l'Ordonnance de nomination, parce que ce n'eſt qu'en vertu de cette Ordonnance que les Experts pouvoient opérer, & relativement à ce qui eſt porté par cette même Ordonnance, qui doit être le titre conſtitutif de leur commiſſion : or il eſt certain que le Juge n'a rien ſtipulé de pareil dans ſa nomination; d'où on ne peut éviter de conclure que les Experts ont procédé ſans connoiſſance de cauſe, & contre toutes les regles.

Suppoſons cependant que l'Ordonnance de nomination eût déſigné la ſignature de *Jean*, & déclaré que c'étoit la plus prochaine de la ſignature *Pouard*, en ce cas, que pourroit-on en induire? que c'eſt *Jean* ou *Thomas* qui l'ont appris au Juge; autre conſéquence funeſte pour l'Adverſaire, puiſqu'il faudroit en conclure, que pour la déſigner il falloit la connoître : or comment la connoître, ſi le déſignateur ne l'a pas faite lui-même?

Il y a plus, c'eſt que lorſque l'Expoſant a fait obſerver dans ſa confrontation, que dans les pieces de comparaiſon les ſignatures de *Jean Ardilley* étoient toutes diſſemblables, *ils lui ont répondu qu'ils avoient jugé de l'enſemble.*

Quoi! dans une accuſation où un Citoyen court le riſque de perdre la vie, l'honneur & la fortune, des Experts, dont le rapport doit décider de tous ces grands objets, ont la témérité de répondre *qu'ils ont jugé de l'enſemble*, c'eſt-à-dire, ſans une attention ſcrupuleuſe, mais ſeulement à boulevue!

Ces mêmes Experts peuvent-ils préſenter une relation déciſive, ſans conſtater la différence de l'âge de celui qui a ſigné à l'époque de la piece arguée, & de celle de comparaiſon? Ignorent-ils que l'attitude du corps, celle de la main, la qualité de l'encre, la coupe de la plume, forment une différence notable chez tous les hommes? A combien plus forte raifon chez un Payfan, qui n'a point de fignature fixe, & qui figne très-rarement?

Nous dira-t-on encore que l'information en conftate la preuve? Nous foutenons au contraire qu'elle fert en partie à la détruire, puifqu'elle ne parle que des faits étrangers & perfonnels au témoin qui dépofe.

Mais ne pourrions-nous pas à notre tour demander à cet Accufateur pourquoi, au lieu d'affigner tant de témoins inutiles, il n'a pas compris dans fon rôle les témoins numéraires défignés dans la reconnoiffance?

Il paroît cependant que c'étoit le feul moyen de fçavoir fi *Jean Ardilley* l'avoit fignée ou non; pourquoi ne l'a-t-il pas fait? la raifon en eft évidente, c'eft parce qu'il étoit affuré que ces témoins dépoferoient l'avoir vu figner.

Enfin, de quelque côté qu'on envifage cette accufation, on ne fçauroit découvrir la moindre apparence de crime, ni la plus légere idée d'un faux.

Se repliera-t-on fur une furcharge, & prétendra-t-on la prouver par la correction qui a été faite en faveur de *Thomas Ardilley*, dans la reconnoiffance qu'il a confenti en 1769?

C'eft où nous attendons l'Accufateur : cette même reconnoiffance prouve l'exiftence de celle de 1756; donc fon accufation eft calomnieufe; donc il n'y a point de faux : d'ailleurs, qu'a-t-on corrigé dans la reconnoiffance de 1769? une erreur prétendue faite par les Arpenteurs. Mais une erreur préfente-t-elle un crime de faux? Préfente-t-elle même une furcharge? Confultons les Criminaliftes, & nous trouverons qu'il n'y eut jamais *de faux* où il ne fe rencontre point *de dol*. Julius Clarus, fur le paragraphe *falfum*, n. 42, dit : *Non poteft committi falfum fine dolo;* Ranchin, en fes décifions, *part. 1re, conf. 211;* Defpeiffes, *tom. 2, n. 19*, font du même avis.

Cette erreur n'a-t elle pas été corrigée auffi-tôt qu'elle a été reconnue? A-t-on fait la moindre conteftation fur la relation du nouvel Arpenteur, quoiqu'il fût inconteftable que le nouvel arpentage pouvoit induire à erreur, tout comme celui qui l'avoit précédé, puifqu'il n'eft aucune opération plus délicate, & qu'il eft généralement reconnu que fi trente Arpenteurs procedent fucceffivement, il ne fe trouvera pas deux opérations de conformes.

Cependant on n'a pas dit le mot, on a corrigé la reconnoiffance de

1756 parcelle de 1769, ſur la foi du nouvel arpentage, ſans avoir recours à d'autres pour ſçavoir lequel des deux étoit le plus juſte; eſt-ce donc là la conduite d'un homme qui veut par des concuſſions ſurcharger des habitans ?

Il n'y a donc ni faux ni ſurcharge dans la piece arguée; mais la cabale a voulu vomir tout ſon venin; elle a cru prévenir les eſprits contre l'Expoſant en inſinuant dans le Mémoire de l'Accuſateur, *que la prétendue ſurcharge étoit entiérement au profit de l'Expoſant, comme ceſſionnaire ſous ſeing privé de la ferme générale de Leſpare.*

Le fiel de ſa bile eſt allé plus loin encore; il ne s'eſt pas borné à prévenir les eſprits dans le reſſort de Bordeaux, il a voulu jetter un trait venimeux dans la Maiſon de Grammont, pour faire perdre à l'Expoſant la confiance qu'elle pouvoit avoir dans ſon exactitude; il a affecté de mettre en lettres diſtinguées dans ſon Mémoire, *Ceſſionnaire moyennant 12000 l.*

Cette derniere & calomnieuſe obſervation eſt démentie par la piece même qui conſtate la ceſſion; elle n'étoit pas ignorée de M. le Duc de Grammont; ainſi c'eſt à pure perte qu'elle s'eſt laiſſée entraîner à une horreur de plus, qui caractériſe toujours mieux l'iniquité du complot.

On a trouvé cette aſſertion dans la réponſe du ſieur Pouard; elle eſt de même nature que toutes celles qu'il a rendues, & qui ſont démontrées fauſſes; mais qu'a-t-elle de commun avec l'Accuſateur? Rien ſans doute! L'Expoſant n'a beſoin de juſtifier ſa conduite à cet égard qu'envers M. le Duc de Grammont, & ce Seigneur eſt ſatisfait.

Il eſt encore faux, ſauf reſpect, que cette chimérique ſurcharge puiſſe porter profit à l'Expoſant, puiſqu'à l'époque de la reconnoiſſance de 1756, il n'étoit pas intéreſſé dans la ferme de Leſpare, & qu'il ne le fut qu'un an après.

La ſurcharge ne pouvoit donc pas être à ſon profit, d'où il ſuit que c'eſt encore calomnieuſement que l'Accuſateur avance dans ſon Mémoire, que la *Pichevin ne pouvoit être que le prête-nom de l'Expoſant.*

Mais pour complaire à l'Accuſateur, ou pour mieux dire à la cabale, préſentons cette accuſation ſous toutes les ſuppoſitions poſſibles; oui, ſuppoſons pour un moment, contre la vérité, que cette prétendue ſurcharge eût été ſtipulée pour groſſir les profits de l'Expoſant dans la ferme, que pourroit-on en conclure ?

Il n'en réſulteroit d'autre conſéquence que celle de dire que l'Expoſant mériteroit d'être pourvu d'un tuteur, puiſqu'il auroit acheté une rente extinguible après neuf ans, de *quarante ſols quelques deniers*, dont il ne devoit lui revenir que le tiers, pour le prix de *quatre-vingt-dix liv.* de droit d'entrée qu'il auroit payé de ſa poche au Seigneur de Leſpare, & pour avoir le plaiſir gratuit de commettre un faux.

En un mot, toutes les ſuppoſitions qu'on peut ſe permettre ne caractériſeront jamais la fauſſeté que l'Accuſateur a voulu ſe promettre ; & malgré toutes les invectives qu'on a mis en uſage pour étayer la calomnie, tout ſe diſſipera à la faveur de la plus légere réflexion.

Mais pour ne laiſſer aucun doute ſur la fauſſeté de l'accuſation, l'Expoſant ſupplie la Cour de faire attention à la relation des nouveaux Experts, qui ont déclaré que la ſignature de *Thomas Ardilley*, appoſée au bas de la reconnoiſſance arguée, étoit la même que celle qui avoit été appoſée au bas des pieces de comparaiſon qui leur ont été préſentées.

Les deux freres ont dénié leurs ſignatures, & le paiement de 90 livres qu'ils avoient fait en conſéquence. Ce paiement étant prouvé par *le compte* rendu par le ſieur Pouard à M. le Comte de Guiche, *arrêté par le ſieur Micheau en 1761, & par la décharge qu'il en avoit fourni à l'Expoſant en 1760*, & la ſignature de *Thomas* étant reconnue vraie, ne doit-on pas en conclure que celle de *Jean* l'eſt auſſi ?

L'intérêt des deux freres étoit le même ; ils poſſédoient des biens indivis ; ils étoient tous les deux préſens à l'acte. Quoi ! *Thomas* auroit ſigné & payé un à compte de ſon obligation, & *Jean* auroit payé tout ce qu'il devoit en vertu de ce même acte ſans avoir ſigné ? cela peut-il tomber ſous les ſens ? En vérité, plus on raiſonne ſur cette monſtrueuſe accuſation, moins on conçoit comment la religion d'un Juge peut avoir été ſurpriſe.

Mais, nous dit l'Accuſateur dans ſon Mémoire, *ſi cette piece n'avoit pas été fauſſe, il étoit tout ſimple de m'aſſigner, pour venir exporler & reconnoître ; non-ſeulement je n'aurois pu m'en diſpenſer, mais mes premieres défenſes contre la Meynieu prouvent que j'étois tout prêt de le faire, & alors plus de ſujet de plainte.*

Cette objection prouve tout le contraire de ce que l'Adverſaire voudroit en induire ; elle eſt même ſinguliere. Eſt-ce que l'Expoſant connoiſſoit cette procédure ? Et qu'a de commun l'irrégularité qui compete uniquement à la Meynieu, avec la fauſſeté de la piece ? Quel intérêt a l'Expoſant dans la bonne ou mauvaiſe maniere de procéder de la Meynieu ? On voit bien que cette objection eſt un acceſſoire du reſte de l'inſtruction, & que les faits étrangers à l'accuſation & à l'Accuſé ſont les ſeules armes dont on a délibéré de ſe ſervir pour ſurprendre l'Expoſant.

Vous avez, nous-dit-on encore, *délivré cette piece avec une entiere connoissance que ce n'étoit qu'un chiffon informe qui n'avoit aucune consistance.*

L'Exposant a délivré cette piece, parce qu'elle avoit été déposée dans ses registres par acte public ; mais l'a-t-il mutilée lors de l'expédition ? Pouvoit-il refuser de la recevoir ? Pouvoit-il se défendre d'en délivrer une expédition ? Lui a-t-il donné une essence qui ne lui étoit pas naturelle ? L'a-t-il délivrée comme un acte public ? Non sans doute ! Il l'a expédiée comme une piece privée qu'il avoit reçue en dépôt ; où est donc la fausseté qu'il a commis en la délivrant ?

La fausseté, nous a-t-on dit, la voici, & vous ne la contesterez certainement pas. *La reconnoissance de 1756 contient le nom des deux témoins qui ont dû signer l'acte ; vous avez soustrait le nom de ces témoins dans l'expédition que vous avez délivrée ; donc vous avez commis un faux.*

C'est ici précisément la fable du Loup & de l'Agneau ; *si ce n'est toi, c'est donc ton pere.* « La piece n'est pas fausse, s'est dit l'Accusateur, » parce que la signature de Thomas a été reconnue véritable, ainsi nous » voilà déchus de notre espérance de ce côté ; mais nous prenons l'Ex» posant d'un autre ; & puisqu'il est question de soutenir un faux, nous » le tenons, en voici un qui en a du moins l'apparence. » Quel pitoyable raisonnement !

L'Exposant ne contestera pas qu'il n'y ait eu de l'imprudence de sa part de délivrer une expédition sans en lire le contenu ; mais la même imprudence est commune à tous les Gens d'affaires qui ont des Secretaires & des Clercs ; le Clerc de l'Exposant copie cette reconnoissance dans le Registre ; il croit que n'étant pas un acte public, il ne doit pas faire mention des témoins qui étoient nommés dans l'acte, lorsque dans le principe il devoit contenir leur signature pour lui donner son authenticité : l'Exposant n'imaginant pas que son Clerc eût fait cette réflexion, croit que l'expédition contient tout le contenu en l'acte, & la signe ; voilà l'imprudence.

Mais une imprudence présente-t-elle l'idée d'un crime de faux ? On soutient au contraire que quand l'Exposant auroit écrit lui-même de sa main cette expédition, il n'auroit pas commis un crime, puisque, comme nous l'avons déjà dit d'après les Loix, le faux ne se présume point, il n'est constaté que par le préjudice qu'il peut porter ; or quel préjudice résulte-t-il de l'omission du nom des deux témoins ? aucun, & on défie l'Adversaire d'en faire appercevoir la seule apparence.

Le contenu en l'acte, puisqu'on nous force de le répéter, est-il mutilé ? L'essence qui lui est propre est-elle dénaturée par cette omission ?

Dans le principe, cet acte a dû avoir la forme d'un acte public ; les délais demandés par les freres Ardilley l'ont laissé dans la classe des actes non consommés ; la suite des temps l'a fait regarder comme une obligation privée ; elle a été contrôlée comme simple obligation de particulier à particulier ; elle a été déposée comme telle dans les Registres de l'Exposant, & délivrée dans la forme qui lui étoit propre, c'est-à-dire, comme une obligation privée, dans laquelle des témoins numéraires étoient superflus.

Il est donc évident que cette omission ne pourroit contenir un faux, que dans le cas où la piece arguée en seroit convaincue, parce qu'on pourroit nous dire, avec raison, vous avez présenté cette piece fausse en elle-même comme une obligation privée ; & pour lui attribuer ce caractere, vous avez malicieusement supprimé le nom des témoins ; mais dès le moment que la piece n'est pas fausse, dès le moment que la signature de *Thomas* est déclarée naturelle & propre à *Thomas*, toute idée de faux disparoît ; or n'y ayant point de faux dans la reconnoissance, il est impossible qu'on puisse en découvrir dans l'expédition, dès que la nature de l'acte n'est point altérée, & qu'elle conserve l'essence qui lui est propre. La Loi unique, *Cod. de mut. nom.* constate la vérité de tous ces principes. *Julius Clarus*, sur le paragraphe *falsum*, *num. 44*, s'explique en ces termes, *falsitas quæ nulli præjudicat, non debet puniri.* La même décision se trouve dans le Président Faber, *liv. 9*, *tit. 13*, *définit. 7*, ad Leg. Cornel.

L'Accusateur a bien compris que son objection n'embarrasseroit pas l'Exposant, & que tous ses efforts seroient vains pour parvenir à une preuve complette & nécessaire pour constater son accusation ; mais il a cru trouver une autre objection incontestable pour lui prouver au moins la surcharge & la concussion.

Vous avez avancé, a-t-on dit, *que Thomas & Jean Ardilley avoient eu un délai d'un an pour payer ce qu'ils devoient ; il est cependant prouvé par votre propre aveu, que Jean a payé au-delà de son obligation, donc vous êtes un concussionnaire ;* raisonnement sophistique, aussi-tôt détruit que mis au jour.

L'Exposant convient qu'il fut accordé un délai d'un an aux freres Ardilley, parce que le sieur Pouard & l'Exposant croyoient qu'ils étoient réellement dans le besoin ; mais comme les Ardilley n'étoient pas prévenus qu'on leur accorderoit ce délai, ils s'étoient précautionnés, &

avoient apporté de l'argent, l'un *plus*, l'autre *moins* : Thomas donna seulement *30 liv.* à compte, & *Jean* qui avoit la somme entiere en compta *60 liv.*, quoique son obligation ne portât que *50 liv. 10 s.*; il y auroit donc, suivant l'Accusateur, un sur-exigé de *9 liv. 10 s.*

Cette raison seroit sans replique pour prouver, non pas le faux, mais la sur-exaction, si l'Exposant s'étoit soumis de travailler gratuitement pour cet Accusateur ; mais comme les réglemens ont fixé les droits des Notaires qui reçoivent les reconnoissances, & qu'ils n'ont pas donné à cet Accusateur le privilege de reconnoître sans payer, il suit que les *9 l. 10 s.* n'étoient pas même suffisantes pour l'honoraire de l'Exposant.

Cette allégation est donc aussi chimérique que toutes celles qui ont été faites de sa part dans son Mémoire.

Il a poussé sa malice plus loin ; « *ils ont foulé*, a-t-il dit à la page 5, » *les Tenanciers de la Sirie de Lespare, & les concussions qu'ils y ont commis* » *dans moins de quinze ans, ont fait de Moutardier, homme de néant, un* » *personnage qui a cent mille écus de fortune, qui, quoique chargé de onze à* » *douze enfans, fait pour leur éducation des dépenses énormes.*

Depuis quand donc l'éducation qu'un pere qui a des sentimens donne à ses enfans, peut-elle être imputée comme un crime ? Il ne manquoit que cette épisode pour développer entiérement la noirceur de la cabale ; à des traits pareils pourroit-on imaginer qu'il y eût des personnes distinguées qui en fussent les moteurs ? Il n'est que trop vrai cependant, mais malgré cette certitude, l'Exposant ne peut se persuader qu'une pareille infamie soit de leur invention.

Hé bien, puisqu'il faut souffrir une discussion, cet homme de néant leur apprendra qu'il est *petit-fils* d'un Marchand de Paris ; que son pere fut envoyé par M. le Maréchal Duc de Richelieu, dans le Duché de Fronsac, en qualité de *Capitaine de ses chasses* ; que sa mere étoit d'une famille très-connue & distinguée, ayant pour parens plusieurs personnes de distimction, soit dans la Robe, soit dans l'Épée ; & qu'à l'égard de ses biens, il en a acquis dans la Terre de Lespare pour environ *70000 l.* ; que pour faire ces acquisitions, il a vendu pour 28000 liv. de biens de son patrimoine; qu'il a eu la succession de deux tantes; qu'il avoit en argent comptant, lors de son mariage, 4000 liv., & qu'il a contracté des obligations pour payer le surplus ; enfin, que le bénéfice du temps & l'attention exacte qu'il a eu d'améliorer ses biens-fonds, lui ont procuré cette aisance qu'on regarderoit comme une vertu dans un autre homme, & qu'on caractérise de crime dans l'Exposant.

Il eſt ſans doute bien déſagréable d'inſtruire le Public de ſes affaires domeſtiques ; mais l'Expoſant eſt obligé de confondre la malice de ſes ennemis, il croit les avoir mis au pied du mur ; auront-ils exhalé tout leur venin, & n'a-t-il pas à craindre que l'air qu'ils reſpirent n'en ſoit encore infecté ? non ! l'innocence ſera toujours victorieuſe ; il ne lui reſte donc qu'à réſumer en deux mots.

RÉSUMÉ.

Inſcription en faux principal de la part de *Jean* Ardilley, prouvée fauſſe & calomnieuſe.

Décret de priſe de corps décerné contre l'Expoſant, ſans concluſions de la Partie publique, contre la diſpoſition de *l'art. premier*, du *tit.* 10 de *l'Ordonn. de* 1670.

Information faite contre toutes les regles, dans laquelle les témoins dépoſent ſur des faits étrangers à la plainte, & ſe rendent Accuſateurs & Parties contre l'Accuſé, irrégularité révoltante, proſcrite par tous les Arrêts de Réglement rapportés *par le Commentateur d'Orléans*, dans ſon Recueil des Edits, *tom.* 3, *pag.* 569.

Chaque dépoſition contient une nouvelle accuſation, le Juge la reçoit ſans ordonnance de ſoit communiqué & ſans concluſions, irrégularité inouie.

Requête en adhéſion à la plainte de la part des habitans de Hourtin ; Appointement qui reçoit leur intervention, quoique contraire à toutes les maximes, qui réprouvent l'intervention d'un tiers dans une inſtance criminelle, ainſi qu'il eſt établi victorieuſement par Serpillon, *tom.* 2, *pag.* 1500.

Premier rapport des Experts, qui déclare la piece fauſſe, ſans avoir conſtaté ni pu conſtater la différence des ſignatures, attendu leur confuſion & le défaut d'indication, qui devoit faire une partie eſſentielle de l'Appointement en vertu duquel ils devoient procéder, & qui auroit dû ordonner auſſi la vérification des deux ſignatures, pour pouvoir en faire la différence.

Le moindre de ces vices doit emporter la nullité, & opérer la caſſation de toute la procédure.

D'un autre côté, la plainte doit être regardée calomnieuſe par pluſieurs raiſons invincibles.

Premiérement, parce que la reconnoiſſance arguée eſt un titre néceſ-

ledit Ardilley, que lesdits Jean Roque & George Moreau, à remettre un acte au Greffe, par lequel ils déclareront que témérairement, malicieusement & calomnieusement ils se sont permis contre l'Exposant les imputations énoncées dans leurs plaintes & ledit acte capitulaire, qu'ils le reconnoissent pour homme de bien & d'honneur; les condamner encore, ensemble les délibérans audit acte, & les tous solidairement & par corps, envers l'Exposant, aux dommages-intérêts qu'il mettra par état & déclaration, si mieux la Cour n'aime les fixer à la somme de trente mille livres; les condamner tous pareillement, & solidairement, aux dépens envers lui, pour plus amples dommages-intérêts; lui permettre de faire imprimer, publier & afficher l'Arrêt qui interviendra, dont à cet effet cinquante exemplaires lui seront passés en taxe, sauf à M. le Procureur-Général de prendre telles fins & conclusions qu'il avisera pour la vindicte publique: à quoi conclut. MOUTARDIER.

Me. CARTIER, Avocat.

Me. BINET, Procureur.

A BORDEAUX, Chez JEAN CHAPPUIS, Imprimeur de la Cour de Parlement, sur les Fossés-de-Ville.

www.ingramcontent.com/pod-product-compliance
Lightning Source LLC
LaVergne TN
LVHW021643170726
843501LV00007B/2391

* 9 7 8 2 3 2 9 6 4 9 8 1 8 *